AF314510

FACULTÉ DE DROIT DE TOULOUSE.

ACTE PUBLIC

POUR LA LICENCE,

EN EXÉCUTION DE L'ART. 4, TIT. 2 DE LA LOI DU 22 VENTÔSE AN 12 ;

Dédié au meilleur des Pères & à la plus chérie des Mères.

M. DOUMERG (JOSEPH), de Conques (Aude), soutiendra l'Acte Public général sur tous les objets d'étude fixés pour les trois premières années, desquels ont été extraits les lois, titres et articles suivants.

JUS ROMANUM,

LIB. 3, tit. 17, 18, 19, 20 et 21.

De duobus Reis stipulandi et promittendi.

Duo rei vel correi stipulandi sunt illi qui eamdem rem, vel summam ab eodem promissore in solidum stipulantur eâ mente ut, quamvis singuli rem solidam stipulentur, una tamen omnibus debeatur.

1

Duo rei vel correi promittendi sunt illi quorum singuli eamdem rem vel summam eidem stipulanti in solidum promittunt eâdem mente ut, quamvis singuli rem solidam promittant, unam tamen omnes debeant.

Ex duabus præmissis definitionibus sequitur, 1.º singulos reos stipulandi exigere posse, ita tamen ut si unus acceperit, debitor ab utroque liberetur ; 2.º singulos reos promittendi solidum præstare debere, ita tamen ut si unus solverit, uterque liberetur.

De Stipulatione Servorum.

SERVUS stipulari potest ex personâ domini cui acquirit, nisi factum in stipulatione contineatur.

De Divisione Stipulationum.

RATIONE personarum quæ vel ipsæ stipulantur, vel stipulationes interponi jubent, stipulationes dividuntur in judicales, prætorias, conventionales et communes.

De Stipulationibus inutilibus.

STIPULATIONES quædam inutiles sunt ratione materiæ ; aliæ ratione qualitatis personarum, aliæ ratione formæ.

1.º *Ratione materiæ* inutilis est stipulatio : v. g., si quis stipuletur rem exceptam ab hominum commercio ; 2.º *ratione qualitatis personarum* : v. g., si quis alteri quàm sibi stipuletur, quia stipulationes inventæ ad hoc ut unusquisque acquirat quod suâ interest ; 3.º *ratione formæ* : v. g., si responsio non congruit cum interrogatione ; quâ differentiâ infirmatur stipulatio, simul ac decem purè stipulanti, decem sub conditione promittantur. Utilis autem esset stipulatio, si stipulanti decem promitterentur quinque, quia pro summâ illâ responsio congruit cum interrogatione, et summa minor semper in majori continetur.

Cùm quis sub aliquâ conditione stipulatus fuerit, licèt ante conditionem decesserit, postea, existente conditione, hæres ejus agere potest, quia qui contrahit sibi contrahit etiam hæredibus suis.

De Fidejussoribus.

FIDEJUSSOR est ille qui alienæ obligationi per stipulationem sine novatione accedit, ita ut, non solvente debitore, ipse solvere teneatur.

Plures si sint fidejussores, singuli in solidum tenentur.

Fidejussio est contractus accessorius, undè fidejussor non potest ita obligari ut plus debeat quàm debitor principalis; etenim non potest esse plus in accessione quàm in re principali.

Sublatâ obligatione principali, fidejussor liberatur. Si quid autem fidejussor pro reo solverit, ejus recuperandi causâ habet cum eo mandati judicium.

CODE CIVIL.

TITRE 7.

De la Paternité et de la Filiation.

APRÈS avoir établi l'institution du mariage, le législateur s'est occupé de son objet principal et de son premier effet, en réglant les rapports qui existent entre le père et l'enfant. Il a su trouver le moyen de resserrer les liens qui les unissent, et quelquefois de les relâcher et même de les rompre quand ils n'ont pu légalement se former; et par-là, il a assuré l'état et le repos des familles.

CHAPITRE PREMIER.

De la Filiation des Enfans légitimes.

LA loi ne pouvait indistinctement accorder les mêmes prérogatives à l'enfant né d'une conjonction illicite, et à l'enfant issu de l'union sacrée du mariage. Aussi l'article 312, en posant la règle que l'enfant conçu pendant le mariage a pour père le mari, refuse le bienfait de la légitimité à tous ceux qui ont été conçus hors du mariage. Mais comment connaître le moment de la conception ? Il faut nécessairement avoir recours à une présomption, et partir d'un fait extérieur, qui peut toujours être constaté, pour remonter à la conception par le temps qui est nécessaire à la formation d'un enfant. Et quoique la gestation ne soit pas toujours la même, et que la nature soit libre et ne soit point asservie aux lois humaines, il fallait néanmoins tantôt protéger les droits de l'enfant, tantôt ceux d'un mari déshonoré par l'infidélité de sa femme.

Pour atteindre ce but, le code fixe invariablement à cent quatre-vingt jours le terme de la plus courte grossesse, et à trois cents celui de la plus longue. D'où il résulte, d'abord, que l'enfant né pendant le mariage, mais moins de cent quatre-vingt jours après sa célébration, peut être désavoué par le mari. Il ne sera pas illégitime de plein droit. Si le mari se tait, il jouira des avantages de la légitimité; et s'il rompt le silence, son action pourra être repoussée s'il se trouve compris dans les exceptions prévues par l'article 314. Ces exceptions sont au nombre de trois. La première a lieu lorsqu'il est prouvé que le mari a eu connaissance de la grossesse avant le mariage. On présume alors qu'il n'aurait jamais consenti à un pareil hymen, s'il n'eût été persuadé que la femme portait dans son sein le fruit de leurs amours. La deuxième se vérifie lorsqu'il a assisté à l'acte de naissance, et si cet acte est signé de lui, ou contient sa déclaration qu'il ne sait signer. Comment en effet pourrait-il revenir contre sa propre déclaration donnée dans l'acte même destiné à constater l'état civil de l'enfant ? Enfin, le mari n'est pas admis au désaveu lorsque l'enfant n'est pas né *viable*, c'est-à-dire, lorsque les gens de l'art ont reconnu que, d'après sa conformation, il ne pourrait parcourir la carrière ordinaire de la vie. Ce désaveu serait sans objet, ou du moins il ne pourrait avoir qu'un but scandaleux, celui de déshonorer inutilement l'épouse pour une faute antérieure au mariage.

L'art. 315 me paraît, contre l'opinion de quelques auteurs et contre un arrêt rendu par la cour royale de Montpellier, contenir une disposition absolue, qu'on ne saurait modifier par aucune considération. *L'enfant né trois cents jours après la dissolution du mariage, sera de plein droit illégitime.* Tel est le sens que je donne à cet article , d'après les discussions du conseil d'état.

Maintenant occupons-nous de l'hypothèse où la présomption légale de la paternité règne dans toute sa force ; de celle où la conception de l'enfant doit nécessairement être rapportée au temps du mariage.

Cette présomption , quelque favorable qu'elle soit au repos des familles , ne doit pas être admise sans exception.

Le mari doit être admis au désaveu s'il prouve qu'il s'est trouvé, soit pour cause d'éloignement , soit par l'effet de quelque accident , dans l'impossibilité physique de cohabiter avec sa femme, depuis le cent quatre-vingtième jour qui a précédé la naissance jusqu'au trois-centième jour. L'éloignement doit avoir été continuel , et la distance qui a séparé les époux doit être telle, que leur réunion , même momentanée, fût physiquement impossible.

La loi , par de justes motifs, a rejeté le désaveu du mari fondé sur son impuissance naturelle et même accidentelle , lorsqu'elle a précédé le mariage.

Il ne suffit pas de prouver l'infidélité de la mère pour en conclure que le fils est illégitime , il faut qu'il soit prouvé que la naissance a été cachée au mari; car la femme peut avoir été coupable sans que le flambeau de l'hymenée fût encore éteint (113).

Le mari qui a des motifs suffisans pour désavouer un enfant qu'il croit lui être étranger, ne saurait jouir d'un trop long délai pour le rejeter de sa famille. Son devoir, l'outrage qu'il a reçu, tout doit le porter à faire sur-le-champ éclater sa plainte.

Il devra réclamer dans le mois s'il se trouve sur les lieux de la naissance de l'enfant; dans les deux mois après son retour, si à la même époque il était absent; et dans les deux mois après la découverte de la fraude, si on lui avoit caché la naissance (316).

Les héritiers du mari succèdent à son action en désaveu, s'il est décédé dans le délai utile pour l'exercer; et ils ont le droit de contester la légitimité de l'enfant s'ils font leur réclamation dans les deux mois; à partir de l'époque où cet enfant se serait mis en possession des biens du mari; si les héritiers se sont mis en possession d'eux-mêmes , du jour qu'ils y sont troublés (317). Le désaveu formé par acte extrajudiciaire ne peut produire aucun effet s'il n'est suivi , dans un mois , d'une action en justice , dirigée contre un tuteur *ad hoc* , donné à l'enfant en présence de sa mère (318).

En terminant ce premier chapitre , j'observerai que je pense, avec M. Duranton , que par le mot *héritiers* , employé dans l'article 317 , les donataires ne sont pas exclus du droit de contester la qualité d'enfant légitime , toutes les fois qu'ils y auront intérêt.

Chapitre 2.

Des Preuves de la Filiation des Enfans légitimes.

Ce chapitre indique les preuves de la filiation des enfans légitimes , les tribunaux devant lesquels doit être portée la réclamation d'état ; enfin , il détermine dans quels cas les héritiers présomptifs peuvent ou ne peuvent pas intenter cette action.

La filiation des enfans légitimes , porte l'art. 319 , se prouve par les actes de naissance inscrits sur les registres de l'acte civil.

Sans l'acte de naissance , sans la confiance que la loi lui accorde , combien ne serait-il pas facile de dépouiller les enfans de leur état !

« Ces actes sont la grande et presque l'unique preuve que l'on » puisse avoir de l'état des hommes. Qu'on renverse cette preuve , » tous les fondemens de la société civile sont ébranlés , il n'y a plus » rien de certain parmi les citoyens si l'on retire cet argument. » (d'Aguesseau).

Mais l'état d'un enfant légitime ne dépend point seulement de cette grande preuve. Il est possible que le registre sur lequel l'acte a été inscrit soit perdu , déchiré ou brûlé , ou bien encore qu'il n'y ait pas eu d'acte dressé. Alors il faut avoir recours à un genre de preuve plus ancien , qui ne prouve pas moins la vérité. C'est la preuve de la possession d'état (article 320). Cette possession s'établit , selon l'art. 321 , par une réunion de faits qui indiquent le rapport de filiation et de paternité entre un individu et les parents auxquels il prétend appartenir. Les faits principaux sont : que cet individu ait toujours

porté le nom du père auquel il prétend appartenir ; qu'il ait été traité
par lui comme son enfant, et en ait reçu l'instruction et l'éducation
convenables ; enfin, qu'il ait été constamment reconnu comme tel
dans la famille et dans la société. Cette preuve, réunie à la précé-
dente, est si forte que, d'après l'art. 322, nul ne peut réclamer un
état contraire à celui que lui donnent son acte de naissance et la
possession conforme à ce titre, et que réciproquement nul ne peut
contester l'état de celui qui peut invoquer un titre et une possession
conformes.

L'enfant qui n'a ni possession constante, ni titre, ou qui a été
inscrit soit sous de faux noms, soit comme né de père et mère in-
connus, a contre lui une très-forte présomption qu'il n'appartient pas
au mariage. Cependant, il conserve encore un espoir dans la sagesse
de la loi. L'art. 323 l'autorise à présenter la preuve testimoniale.

Mais, quelque ancienne que soit cette preuve, il n'en est pas de
plus fragile et de plus périlleuse. Aussi le législateur ne veut qu'elle
soit admise que lorsqu'il y a commencement de preuve par écrit, ou
lorsque les présomptions ou indices résultant de faits dès lors constans,
sont assez graves pour déterminer l'admission (art. 323).

Le commencement de preuve par écrit, résulte des titre de famille,
des registres domestiques du père ou de la mère ; des actes privés
émanés d'une partie engagée dans la contestation, ou qui y aurait
intérêt si elle était vivante. C'est, en un mot, *un aveu implicite* ;
une reconnaissance écrite, plus ou moins indirecte, des qualités de
l'enfant de la part d'une personne qui avait intérêt à les contester.

Mais la loi aurait été injuste si, en donnant à l'enfant tant de
moyens pour prouver son état, elle avait refusé aux parents les
moyens de repousser une prétention qui les dépouillerait de leurs
propriétés, et admettrait parmi eux un être qui n'appartiendrait pas
à leur famille ! C'est à quoi l'article 325 a pourvu, en ces termes :
« La preuve contraire pourra se faire par tous les moyens propres
» à établir que le réclamant n'est pas l'enfant de la mère qu'il pré-
» tend avoir, ou même, la maternité prouvée, qu'il n'est pas l'enfant
» du mari de la mère. »

Maintenant, il ne nous reste qu'à examiner dans quelle forme et devant quels tribunaux l'action en réclamation d'état doit être intentée.

C'est dans la forme ordinaire et devant les tribunaux civils, qui sont seuls compétens pour statuer sur les réclamations de cette nature (326). L'ancienne jurisprudence permettait à l'individu qui se plaignait de la suppression de son état, de choisir entre la voie civile ou la voie criminelle, celle qui lui convenait mieux. Or, comme la preuve testimoniale est admise devant la cour criminelle, le plaignant qui manquait de commencement de preuve, choisissait toujours cette dernière voie. Il n'en est plus de même aujourd'hui ; l'action criminelle contre un délit de suppression d'état ne pourra commencer qu'après le jugement définitif sur la question d'état (327).

Les tribunaux seront toujours ouverts à l'enfant qui réclame. Il ne s'agit pas ici d'une simple propriété pour pouvoir alléguer la prescription (328). La même faveur ne doit pas s'étendre aux héritiers; les mêmes motifs ne militent pas à leur égard. Il ne s'agit pas pour eux d'obtenir le rang d'enfans légitimes, et leur demande n'a souvent d'autre objet que l'appât d'une succession. Aussi la loi limite à leur égard l'exercice de cette action. Si déjà elle a été intentée par l'enfant, ils auront le droit de la suivre, à moins qu'il ne s'en fût désisté formellement, ou qu'il eût laissé passé trois années sans poursuites, à compter du dernier acte de la procédure. Et lorsqu'il n'a pas réclamé, les héritiers ne peuvent agir qu'autant qu'il est décédé mineur, ou dans les cinq années après sa majorité (art. 329 et 330).

Chapitre 3.

Des Enfans Naturels.

Section Première.

De la Légitimation des Enfans naturels.

Si d'un côté le maintien des familles et des bonnes mœurs exigeait que les enfans naturels fussent exclus des prérogatives de la légitimité,

d'un

(9)

d'un autre côté , la première de toutes les lois , la nature , réclamait en faveur de *ces victimes de la séduction.*

« Le législateur devait porter son attention compatissante sur ces
» enfans malheureux , condamnés en naissant à subir la faute d'être
» nés, objets innocens de la honte qui les cache et les meconnaît ;
» repoussés par la société qui les condamne , et jetés loin de toute
» famille , sans autre consolation que les caresses furtives de la nature ,
» sans autres droits que ceux de la pitié , et trop souvent sans autre
» asile que celui de la loi. » (Duveyrier).

La loi distingue les fruits *innocens de la faiblesse* , des fruits *honteux du crime.* L'article 33i assure le précieux avantage de la légitimité par le mariage subséquent de leurs père et mère , aux en-fans nés hors mariage , autres que ceux nés d'un commerce inces-tueux ou adultérin , lorsqu'ils auront été légalement reconnus avant le mariage , ou qu'ils le seront par l'acte même de célébration.

La légitimité s'opère donc par le *mariage subséquent* , mais il faut que le mariage *soit valide* pour opérer cet effet. Comme aussi , la loi exige que l'enfant qu'on veut légitimer par le mariage ait été déjà reconnu par les *deux époux* avant le mariage , ou au moins dans l'acte de célébration ; car, s'il en était autrement , les époux qui ont perdu l'espérance d'avoir des enfans du mariage , se concerteraient pour introduire un enfant étranger dans leur famille , en faisant une reconnaissance frauduleuse.

Ici vient naturellement se placer la question de savoir si les enfans nés d'un commerce entre l'oncle et la nièce , la tante et le neveu , pourraient être légitimés par le mariage subséquent de leur père et mère ? La négative résulte des termes des articles 33i , 164 et 335 ; et il faudrait admettre la même décision , quand même l'enfant serait né pendant le mariage , mais conçu avant.

La légitimation a pour effet d'accorder aux enfans qui en sont l'objet , les mêmes droits que s'ils étaient nés du mariage (333). Et d'après l'art. 33a , la légitimation peut avoir lieu , même en faveur des enfans décédés qui ont laissé des descendans ; et dans ce cas , elle profite à ses descendans.

2

Section 2.

De la Reconnaissance des Enfans naturels.

La reconnaissance des enfans naturels peut être volontaire ou forcée.

Les reconnaissances volontaires peuvent avoir lieu de deux manières, ou dans l'acte de naissance, ou par acte authentique (334). Ainsi, lorsque la reconnaissance d'un enfant naturel n'a pas été faite dans l'acte de naissance, elle doit être faite par acte authentique. Cette disposition est générale, elle s'applique à la mère aussi bien qu'au père ; elle frappe de nullité toute reconnaissance faite par *acte privé*, même par *testament olographe*.

La reconnaissance faite par le père sans l'indication et l'aveu de la mère, ne produit d'effet qu'à l'égard du père (336).

La reconnaissance librement faite ne peut plus être révoquée, excepté, à mon avis, dans le cas où elle aurait été faite par un mineur ; mais aussi, à raison même de son importance, elle peut être contestée par tous ceux qui y ont intérêt (339).

Pour ce qui concerne les effets de la reconnaissance volontaire, il faut distinguer le cas où l'auteur est libre du cas où il est marié ; dans le premier cas, son effet est réglé au titre des successions (338); si, au contraire, l'auteur de la reconnaissance était engagé dans les liens du mariage, elle ne peut nuire ni à l'autre époux, ni aux enfans nés de ce mariage ; elle produit tout son effet après la dissolution du mariage, s'il n'en reste pas d'enfans (337).

Les articles 340 et 341 consacrent en principe que la recherche de la maternité est admise, et que celle de la paternité est interdite. La maternité étant établie par des faits certains et positifs, il est difficile d'errer là-dessus, lorsque surtout la loi ne permet cette recherche qu'autant que l'enfant, qui réclame sa mère, a déjà un commencement de preuve par écrit, et qu'il prouve qu'il est identiquement le même que l'enfant dont elle est accouchée (341). La paternité, au contraire, est incertaine et impénétrable de sa nature.

Et , certes , nous osons espérer que la recherche de la paternité sera interdite pour toujours , et que nous ne reverrons plus renaître cette trop fameuse loi , qui permettait à des femmes impudentes de publier leur faiblesse sous prétexte de recouvrer leur honneur. On ne saurait plus ajouter foi au témoignage suspect d'une fille qui a manqué au premier devoir de son sexe !

Cependant , une exception est admise ; elle a lieu pour le cas d'enlèvement , et lorsque l'époque de l'enlèvement se rapporte à celle de la conception ; dans cette espèce , le ravisseur peut être , sur la demande des parties intéressées , déclaré père de l'enfant (340). Je pense qu'il en serait de même en cas de viol. Le viol est une sorte d'enlèvement momentané ; c'est le but que se propose le ravisseur.

Je ne dois pas abandonner cette matière sans dire un mot sur les enfans adultérins et incestueux. La naissance de ces malheureux enfans a été regardée toujours comme une vraie calamité pour les mœurs, et le législateur , en prohibant toute reconnaissance en leur faveur, a eu l'intention d'éteindre jusqu'au moindre souvenir de leur existence. Néanmoins , il est certains cas où l'état d'enfant adultérin et incestueux est parfaitement constaté.

PROCÉDURE.

Liv. 2.

Du faux Incident civil.

Celui qui prétend qu'une pièce signifiée , communiquée ou produite dans le cours d'une procédure , est fausse ou falsifiée , peut , s'il y échet , être reçu à s'inscrire en faux contre ladite pièce. Il devra , préalablement , sommer la partie , par acte d'avoué à avoué , de déclarer si elle veut ou non se servir de la pièce communiquée , et en même temps lui signifier l'intention de s'inscrire en faux. Si dans les huit jours le défendeur ne répond , ou qu'il déclare qu'il ne veut pas s'en servir ; la pièce sera rejetée ; dans le cas contraire , la véri-

fication de la pièce sera ordonnée. S'il existe minute de la pièce
arguée du faux, elle pourra servir de pièce de comparaison. Les
dépositaires sont tenus de la remettre ; ils peuvent y être contraints
par corps. Le procès-verbal constatant l'état de la pièce sera dressé
en présence des parties. En cas d'absence de l'une d'elles, il sera
donné défaut contr'elle et passé outre à la rédaction. Dans les huit
jours qui suivront ledit procès-verbal, le demandeur sera tenu de
signifier au défendeur ses moyens de faux. Le défendeur a huit
jours pour répondre ; s'il ne le fait pas, la pièce est rejetée. Trois
jours après la dernière communication, la partie la plus diligente
pourra poursuivre audience. Les parties pourront prouver les moyens
admis tant par titres que par témoins. Le tribunal, en prononçant
sur le faux, peut ordonner la suppression, lacération, radiation,
en tout ou en partie, des pièces fausses ou prétendues fausses.
Si le faux est réellement reconnu, l'auteur sera poursuivi d'après
les règles posées par le code d'instruction criminelle, et pendant
ce temps-là il sera sursis à statuer sur le civil. Le demandeur qui
succombera ou se désistera, sera condamné à 300 francs d'amende,
et à tels dommages-intérêts qu'il appartiendra. Tout jugement con-
cernant le faux ne peut être rendu que sur des conclusions du minis-
tère public.

PANDECTES.

Du Contrat de Vente.

LIVRE 2, TITRE 6. — CHAPITRE 6.

De la Nullité et de la Résolution de la Vente.

INDÉPENDAMMENT des causes de nullité ou de résolution, communes
à toutes les conventions, le contrat de vente peut être résolu par
l'exercice de la faculté de rachat ou par la vileté du prix (art. 1658).

§ 1.er La faculté de rachat ou de réméré est un pacte par lequel le vendeur se réserve de reprendre la chose vendue, moyennant la restitution du prix principal, et le remboursement des frais et loyaux coûts du contrat, ainsi que des réparations jugées nécessaires (art. 1659 et 1673). *Leg.* 12, *ff. de præs. verb.*; *leg.* 2 et 7, *cod. de pact. ins. empt. et vend.* Ce droit est transmissible aux héritiers du vendeur (art. 1122). La faculté de rachat ne peut être stipulée pour un terme excédant cinq années. Ce délai expiré, la vente est irrévocable. Quoique l'acquéreur à pacte de rachat puisse exercer tous les droits du vendeur, l'objet vendu rentre dans les mains de son ancien maître exempt de toutes les charges et hypothèques dont l'acquéreur l'aurait grevé.

§ 2.e De *la lésion.* Lorsque le vendeur a été lésé de plus de sept douzièmes dans le prix d'un *immeuble*, il a le droit de demander la rescision de la vente (art. 1674). *Liv.* 2 *de rescindendâ vend.* Cette action est particulière au contrat de vente; elle est même rejetée dans certains cas, comme lorsqu'il s'agit d'une vente faite par transaction ou par autorité de justice (art. 2052 et 1684).

Le délai pour intenter la rescision a été réduit par notre code à deux ans. Les femmes mariées, les absens, les interdits et les mineurs, ne jouissent d'aucune prorogation de délai.

L'acquéreur peut retenir l'immeuble en payant le supplément du prix, sous la déduction du dixième du prix total (art. 1681).

La rescision n'a pas lieu en faveur de l'acheteur (1683).

Chapitre 7.

De la Licitation.

La *licitation* n'est autre chose qu'une vente faite aux enchères, d'un objet qui ne peut être partagé commodément, et qui appartient à plusieurs individus. Elle a encore lieu, lorsque dans un partage fait de gré à gré des biens communs, il s'en trouve quelques-uns qu'aucun des copartageans ne puisse ou ne veuille prendre (art. 1686). Quand elle ne se fait qu'entre communiers, c'est la licitation proprement dite ; mais la plus usitée est celle à laquelle les étrangers sont appelés. Cet appel est de rigueur quand il y a des mineurs parmi les copropriétaires (460).

Si la chose commune est adjugée à l'un des communiers, la licitation est regardée comme un partage ; la licitation est un véritable contrat de vente lorsqu'un étranger est adjudicataire.

Chapitre 8.

Le transport de créances, de droits ou actions, est un acte qui fait passer la propriété d'une personne à une autre, au moyen d'une cession ou d'une vente qui lui est consentie ; cette cession comprend les accessoires des objets cédés, tels que caution, priviléges et hypothèques.

Entre le cédant et le cessionnaire, la simple remise du titre transfère la propriété. Mais pour que cette cession puisse produire quelque effet à l'égard des tiers et à l'égard du débiteur, il faut qu'elle ait été signifiée à ce dernier, ou acceptée par lui dans un acte authentique. Il est facile de prévoir les inconvéniens qu'aurait à courir le cessionnaire qui ne remplirait pas la formalité de la signification.

L'obligation du cédant est de faire la délivrance des titres constitutifs des droits cédés, et en outre de la garantie. Il y a deux sortes de garantie ; la garantie de droit et la garantie de fait. La première est de l'essence du contrat ; le cédant, au contraire, n'est tenu de la garantie de fait qu'autant qu'il s'y est engagé.

Les procès et les droits litigieux peuvent être vendus de la même manière que les autres droits. Il est des personnes auxquelles, par rapport à leur état et à leurs fonctions, la loi interdit un pareil commerce.

CODE DE COMMERCE.

Livre Premier. — Titre 8.

De la Lettre-de-Change.

La lettre-de-change est un acte en forme de lettre missive, revêtu des formes légales, par lequel un individu mande à son correspondant, dans un certain lieu, de payer à un tiers, ou à l'ordre de ce tiers, une somme d'argent, en échange de la valeur par lui reçue dans un autre lieu de ce tiers ou de toute autre personne. Ainsi trois personnes interviennent dans cet acte; celui qui donne mandat de payer, qu'on appelle tireur; celui sur qui elle est tirée, qui a conconservé le nom de tiré; et celui au profit duquel elle est tirée, que l'on nomme donneur de valeur.

L'article 110 détermine les formes de la lettre-de-change, et l'article 112 répute simple promesse, toute lettre-de-change contenant supposition, soit de nom, soit de qualité, etc.

Les lettres-de-change souscrites par des femmes et des filles non marchandes publiques, ne valent à leur égard que comme simples promesses; celles souscrites par des mineurs sont nulles à leur égard, sauf les droits respectifs des parties.

Le tireur, ou celui pour le compte de qui la lettre-de-change est tirée, est obligé de faire trouver, dans les mains du tiré, une somme suffisante pour acquitter le montant de la lettre-de-change à son échéance; cette somme est appelée *provision*.

Le porteur peut demander au tiré une déclaration portant obligation de payer la lettre-de-change à son échéance; c'est ce qu'on appelle *acceptation*. Le refus d'accepter doit être constaté par un *protêt, faute d'acceptation*. Mais si le tiré accepte, son obligation est si forte, qu'il n'est pas restituable contre son acceptation, quand même le tireur aurait failli, à son insu, avant qu'il eût accepté.

Lorsqu'une lettre-de-change est protestée faute d'acceptation, un tiers, pour sauver le crédit du tireur ou de quelqu'un des endosseurs, peut intervenir pour accepter la lettre-de-change. Dans ce cas, l'intervention doit être mentionnée dans l'acte de protêt; elle sera signée par l'intervenant.

Une lettre-de-change peut être tirée à vue, et alors elle est payable à présentation. Elle peut être tirée à un ou plusieurs jours, à un ou plusieurs mois, à une ou plusieurs usances de vue. Dans ce cas, suivant l'article 131, son échéance est fixée par la date de l'acceptation; et si elle n'a pas été acceptée, par la date du protêt faute d'acceptation. Elle peut encore être tirée à un ou plusieurs jours, à un ou plusieurs mois, à une ou plusieurs usances de date, et ces délais courent du lendemain de la date de la lettre-de-change. On peut encore tirer une lettre-de-change à un jour déterminé en foire.

La propriété d'une lettre-de-change se transmet par la voie de l'endossement. L'endossement est donc une cession, que le propriétaire d'une lettre-de-change fait en faveur d'une personne, moyennant la valeur qu'il en reçoit. L'endossement doit être daté; il doit exprimer la valeur fournie, et le nom de celui à l'ordre duquel il est passé.

Tous ceux qui ont signé, accepté ou endossé une lettre-de-change, sont tenus à la garantie solidaire envers le porteur.

Il existe encore une autre garantie, énoncée par le mot *aval*, ce qui signifie faire valoir. Cette garantie est fournie par un tiers, sur la lettre même, ou par acte séparé.

Une lettre-de-change doit être payée dans la monnaie qu'elle indique, ou, si cette monnaie est étrangère, en monnaie du lieu où elle doit être payée, et au cours du change.

Celui qui paie une lettre-de-change avant son échéance, est responsable de la validité du paiement. Mais il est valablement libéré, s'il paie à l'échéance et sans opposition.

Si la lettre-de-change est protestée, elle peut être payée par tout intervenant. L'intervention doit être constatée dans l'acte de protêt, ou à sa suite. Celui qui intervient est subrogé au lieu et place du porteur. Si le paiement par intervention est fait pour le compte du tireur, tous les endosseurs sont libérés. S'il est fait pour un des endosseurs, les endosseurs subséquens sont libérés.

Le

Le porteur d'une lettre-de-change doit, dans les délais que la loi a fixés, suivant les lieux d'où elle a été tirée et où elle doit être payée, en exiger le paiement ou l'acceptation, sous peine de perdre son recours sur les endosseurs, et même sur le tireur s'il a fait provision.

———

Cet Acte public sera soutenu dans la Séance qui aura lieu le mardi 24 Avril 1827.

Vu par le Président de la Thèse,
FERRADOU.

TOULOUSE,
IMPRIMERIE DE CAUNES, RUE DES TOURNEURS,
HÔTEL PALAMINY.